ウクライナ再興

―国家と国民のアイデンティティーについて―

ポール・ロバート・マゴチ 著

河津 雅人 訳

目次

ウクライナ・ブックレット7

はじめに

二〇二二年二月二十四日、ロシアは全面的なウクライナ侵攻を開始した。二〇一四年に始まっていたこの戦争の第二段階は、ロシアのウラジーミル・プーチン大統領が、ウクライナ人の持つ独自の国家に対する歴史的権利を否定し、またその上でウクライナ人が隣人たるロシア人と民族的に異なるということまで否定する声明を出す中で開始された。(1) ウクライナ人の国家への執着とウクライナ人としての明確なアイデンティティーは、決して無から生まれたものではない。それはほぼ過去四世紀にわたって展開された有機的な出来事の所産である。

ごく最近のことを言えば、ウクライナは一九九一年八月に独立を宣言し、その年の終わりまでに、ソヴィエト連邦の解体に続いて、国際社会において完全な主権国家として機能し始めた。しかし、この国家としての独立は、彼らにとって新しいことではなかった。二十世紀だけをとっても、一九九一年までに少なくとも五回、ウクライナの領土の全部または一部に対して独立が宣言された。また、ウクライナ人の独立国家に対する想念は二十世紀に限ったことでもなかった。三世紀ほど前、ウクライナ人は、国家を形成し、それは十七世紀半ばから十八世紀の終わりまで、何らかの形で存在していたのである。

小稿では、ウクライナの国づくりの遺産と、直近の独立宣言である一九九一年八月二十四日の宣言の前後に見られたさまざまな態様について述べたいと思う。また、この国の市民が自分自身をどのように定義し、ウクライナ国家との関係を、民族学的あるいは、市民的、国民的アイデンティティーの観点からどのように定義するかについても議論することとしたい。

Ⅰ　ナショナリズムの概念

近代ヨーロッパにおける国家の創造は、ナショナリズムというイデオロギーと密接に結びついている。ウクライナ人のアイデンティティーと国家の関係を説明する前に、異なる二つのナショナリズムの違いを示すことは有益であろう。どちらのナショナリズムも、十九世紀初頭以来のウクライナ人のアイデンティティーの発展と、そのアイデンティティーの現代的な形とウクライナ国家の存在との関係について、一定の役割を担ってきた。

本質的に、ナショナリズムは以下のことを前提とするイデオロギーである。（一）人類はさまざまな民族、あるいは国民に分けられていること。（二）最適な社会政治制度とは、それぞれの民族・国民が文化的および政治的自律性を享受できることであって、すなわち、できればそれは完全な主権と独立国家であること。

民族と国家の関係は、一七八九年のフランス革命とその余波に多分に影響された。それまで、ほとんど例外なく、ヨーロッパにおける国家は君主（皇帝、国王、公、大公）個人として具現化されるか、選ばれた個人たちの特権的集団（寡頭制）として形づくられてきた。フランス革命以前のヨーロッパにおけるこの国家の二つの類型は、ルイ十四世の有名な格言「朕は国家なり（l'état c'est moi）」によって象徴されたフランスと、元首（統領、Doge）が国家の決定と指示を行い、それを選出する有力貴族たちによる寡頭政治体制をとっていたヴェネツィア共和国に見られる。とりわけ影響力を持っていたのは、革命期のフランスの政治構造であり、国家はその国民（市民）が形成するものであって、それ故に政治的権威の究極の源であるという原則をこの時の政治指導者たちは実行したのであった。

十九世紀のヨーロッパでは、君主制国家と市民型国家の両方が存在していた。さらに、どちらの国家制度もナショナリズムを自らの利益のために利用しようとした。つまり、住民の間に共通の「ナショナル・アイデンティティー」を創造することにより、既存の国家体制への支持を促そうとしたのだ。当時も今も、すべての民族が独自の国家を有しているわけではない。それ故、ナショナリズムには二つの類型—「国家が課した」ナショナリズムと「インテリゲンツィア（知識階級）に触発された」ナショナリズム—があることに注目する必要がある。

一つ目の「国家が課した」ナショナリズムには、フランス、イギリス、スペイン、オーストリア＝ハンガリー帝国、ロシア帝国などの国が含まれ、これらの国はすべて、政府の政策（特に教育制度）を通じて、実際の民族言語的・民族的起源とは関係なく、すべての住民にフランス人、イギリス人、スペイン人、オーストリア系ドイツ人、ハンガリー人、またはロシア人という「国民」としてのアイデンティティーを強制しようと試みた。

二つ目の「インテリゲンツィアに触発された」ナショナリズムは、自分たちの国家を持っていなかった人々、つまり、ブルトン人、アイルランド人、バスク人、カタルーニャ人、フィンランド人、リトアニア人、ポーランド人、チェコ人、クロアチア人、ウクライナ人（オーストリア＝ハンガリー帝国ではルテニア人と呼ばれていた）、そしてイタリア人に受け入れられた。インテリゲンツィアは（多くの場合、自称）知識人や政治活動家で構成されており、彼らは普遍的な人権を根拠として、それぞれの民族が自治権を持っていると主張した。少なくとも、「自治」とは、既存の国家の枠組みの中での文化的およびある程度の政治的自治を意味するか、完全に主権を持った独立国家の確立を意味するだろう。言い換えれば、すべてではないものの多くの民族運動にとっての最終的な目標は、独立国家の獲得であった。

Ⅱ　ウクライナ国家：概念と実態

ウクライナ民族運動は、インテリゲンツィアに触発されたナショナリズムに傾斜した。ヨーロッパにおける「国家無き」人々による数多くの民族運動と同様に、ウクライナの知識人たちは、啓蒙主義のドイツ人哲学者ヨハン・ゴットフリート・ヘルダー（Johann Gottfried von Herder）の理論に触発された。彼は、政治的地位に関係なく、世界中のすべての人々が独自の文化の担い手であり、すべての文化（人々の母語により表される文化）には独自の意義と価値があると主張した。(2)

十九世紀のウクライナ民族運動の第一段階において、ウクライナ人活動家ムィコラ・コストマロフ（Mykola Kostomarov）、パンテレイモン・クリシュ（Panteleimon Kulish）、タラス・シェフチェンコ（Taras Shevchenko）などは主に文化活動、つまり、民族誌学的特徴を描写し、ウクライナ人の地理的領域を定義し、ウクライナ語を成文化することに関心を向けていた。またウクライナ民族運動の第二段階では、その次の世代の活動家ミハイロ・ドラホマノフ（Mykhailo Drahomanov）、イヴァン・フランコ（Ivan Franko）、ミハイロ・フルシェフスキー（Mykhailo Hrushevskyi）たちが過去の歴史に目を向け、ウクライナ人が独自に存在すること、すなわち、文化的・政治的自治権、そして最終的には国家構築の権利を有する民族であることを正当化しようと努めた。

初期のウクライナ「国家」

ウクライナの土地における初期の「国家」の実例に大きな重点が置かれたのは、過去の歴史に対する関心の文脈においてであった。その最初の実例として挙げられるのは、「ルーシ」の名で知られる中世の「国家」であるが、それは九世紀から十四世紀にかけて緩やかに結ばれた公国の連合体であった。*ルーシの政治的、社会経済的、文化的中心地がウクライナのまさに中心にあるキーウ市であったという事実を考えると、この発想は当然のことだった。しかしながら、キーウ・ルーシの領域は現在のウクライナ領土を超えて広がっており、現在のベラルーシ全土とロシアのヨーロッパ側（ウラル山脈以西）の大部分を含んでいた。

領土に関して言えば、より実体的なウクライナ国家は、一六四九年にザポリージャのコサックの指導者ボフダン・フメリニツキー（Bohdan Khmelnytskyi）の下に創設されたザポリージャ軍、またはヘーチマン国家であり、十八世紀の変わり目に最も著名な後継者はイヴァン・マゼーパ（Ivan Mazepa）だった。ヘーチマン国家は、一七八〇年代にエカテリーナ二世のロシア帝国当局によって解体されるまで、一世紀以上にわたってウクライナ中部地域において自治政府として機能していた。ヘーチマン国家は、その終焉にもかかわらず十九世紀に数を増していた多くのウクライナの純文学者、芸術家、歴史家、市民活動家らの作品・著作物に多大なインスピレーションを与えた。つまり、将来何らかの形で復活するかもしれない国家や自治的な政体の具体的な例と考えられたのである。

ナショナリズムのイデオロギーが十九世紀の最初の数十年間にウクライナの知識人に及んだ頃、ウクライナの土地は「東」のロシア帝国と「西」のオーストリア（後のオーストリア＝ハンガリー）帝国に分割

＊　一二四〇年にモンゴルの侵攻によってキーウ・ルーシが終焉を迎えたと推定するロシアと欧米の学者たちは、ルーシ「国家」が現在のウクライナ西部に本拠を置いていたハルィチナ・ヴォルィニ公国という形で、その後少なくとも一世紀続いたことを認識していない。

された。特に一八四八年から一九一四年までの「長い」十九世紀の後半、ウクライナ人のナショナリズムの高揚に対する二つの帝国の態度は大きく異なっていた。ハプスブルク家オーストリア帝国当局の指導者が「西」の都市リヴィウに拠点を置いたウクライナ人たち（正式には当時ルテニア人と呼ばれていた）のウクライナ民族運動に寛容であったのみならず、奨励さえしていた一方で、帝政ロシア当局は、「東」の都市キーウに拠点を置いたウクライナ人たち（正式には小ロシア人と呼ばれていた）のウクライナ民族運動を攻撃的に抑圧しようとした。(3)

それでも、一八九〇年代には、ウクライナ人政党がロシア帝国とオーストリア＝ハンガリー帝国の両方において機能していた。これはまた、ウクライナ人の理念的指導者であるユリアン・バチンスキー（Iuliian Bachynskyi）－『Ukraina irredenta（ウクライナの失地回復、一八九五年）』、とムィコラ・ミフノフスキー（Mykola Mikhnovskyi）－『Samostiina Ukraïna（自立したウクライナ、一九〇〇年）』が、両方の帝国からのウクライナ人居住地を含む独立国家の理念を提唱した時期でもあった。ものの二十年も経たないうちに、一見とてつもない理念が具現化したのだった。

二十世紀の革命期

一九一七年二月、第一次世界大戦が勃発し、ヨーロッパの大部分と中東で戦火が続く中、帝政ロシア政府は崩壊した。そしてそれは、リベラルで民主主義志向の暫定政府に取って代わられた。しかしながら、一年も経たないうちにこの暫定政府は転覆され、革命的なボリシェビキ主導の政府に取って代わられた。この政府は、根本的に新たな政治構造の創造を決意した。つまり、共産党のイデオロギーの指導下で労働者、兵士、農民の評議会（ソヴィエト）によって統治される「労働者の国家」である。しかし、変化はすぐには訪れなかった。ボリシェビキが最終的に国内外の敵に打ち勝ち、その過程でいくつかの「ソヴィエト式」の共和国を創設するまでには、三年を要したのである。最終的に（一九二三年七月に）それらは統合され、ソヴィエト社会主義共和国連邦（以下、ソヴィエト連邦、またはソ連）が樹立された。

ウクライナ人は、この革命時代の最初から自治を実現しようとし、最終的には独立国家になることを目指した。一九一七年三月、ウクライナ中央ラーダ（評議会）と呼ばれる組織がキーウに設立された。中央ラーダは地方の農家、工場労働者、兵士、市民団体など、幅広いウクライナ社会から選出された八百人から九百人の代表者で構成されていた。その年が終わる前に、中央ラーダはウクライナ人民共和国の創設を宣言し、**一九一八年一月には「独立した、誰の支配も受けない、自由な、ウクライナ人民の主権国家」となった。したがって、中央ラーダにとって「ウクライナ人民」という概念が「我々の土地に住む全ての人々」を意味したことは明らかだった。[4]つまり、民族的ウクライナ人と「その他のウクライナの人々」という意味だ。[5]さらに、すべての国内の民族は「文化的民族自治権」を有していた。[6]

実際には、中央ラーダのメンバーの三〇％は、ウクライナ人民共和国で人口が最も多かった民族的ロシア人、ポーランド人、ユダヤ人に充てられた。これらの少数民族にはそれぞれ、中央ラーダの民族問題総書記局において彼らの利益を代表する大臣がいた。また、ユダヤ人コミュニティの自治を管轄するユダヤ人問題特別省が設立された。ウクライナ人民共和国の多民族性を象徴するのは、ウクライナ語だけでな

＊＊　ウニヴェルサール（Universal：宣言または決議を意味する）の形式となったこの宣言は、コサック国家の歴史的先例を想起させるために中央ラーダによって使用された。つまり、コサック国家のヘーチマンや役人たちが十七〜十八世紀に発布した法令と同じ用語を使用した。ウクライナ語の形容詞narodnyi（名詞narod「国民、人民、民族、大衆」から造られる形容詞）は、「人民の」または「民族的な」と翻訳される。後者の訳語は、ほとんどの英字文献で使用されており、ここでも使用されている。

く、ロシア語、ポーランド語、イディッシュ語などの言語が記載された紙幣であった。

ウクライナ人民共和国は、自国が主張した領土、つまり、旧ロシア帝国のうち主にウクライナ人が居住していた九つの州（gubernia）を防衛するために国軍を結集することができた。ブレスト＝リトフスク条約（一九一八年二月および三月）によって、中央同盟国はウクライナの独立を承認し、ドイツ帝国とオーストリア＝ハンガリー帝国は、ウクライナをソヴィエト・ロシアから防衛するための軍隊の派遣要請を受け入れた。

中央ラーダの無力さに不満を抱くようになったドイツ帝国は、一九一八年四月、親ドイツの指導者へーチマン・パヴロ・スコロパッキー（Pavlo Skoropadskyi）がキーウに政権を樹立することを助けた。これは公式にウクライナ国と呼ばれたが、スコロパッキーのこの称号そのものが、十七～十八世紀のコサック・へーチマン国家に遡るウクライナ国家の長い伝統を思い起させた。

ドイツが一九一八年十一月に連合国に降伏した後、ドイツの従属国であったへーチマン・スコロパッキー政権は瓦解した。それにもかかわらず、今度はシモン・ペトリューラ（Symon Petliura）率いる執行機関・ディレクトーリア（Dyrektoriia）の指導の下、ウクライナ人民共和国が即時に回復したことでウクライナ国家は生き残った。一九一九年から一九二〇年にかけてのウクライナ情勢を特徴付ける内戦、農民反乱、外国からの侵略という文脈の中で、ディレクトーリア率いるウクライナ人民共和国は、一九二〇年十一月にディレクトーリア軍が最終的にウクライナから追い出されるまで、非常に大きな困難を抱えながらも存続した。

帝政ロシア崩壊後の激動の環境にもかかわらず、ウクライナ国家は、人民共和国であろうとへーチマン国家であろうと、一九一七年から一九二〇年の革命時代に何らかの形で生き残ることができた。ウクライナ国家が存在した事実は国際舞台で確認された。ウクライナは二十五カ国によって正式に（de jure）、または事実上（de facto）承認され、独立国家としていくつかの国際機関（海運、郵便、電信、およびラジオ連合）に受け入れられた(7)。

ウクライナ民族運動の現実と力強さ、そしてウクライナ人としてアイデンティティーを持つ人々を団結させる力のあるウクライナ国家の重要性を痛感していたボリシェビキは、一九一七年十二月にハルキウに結集したウクライナ人民共和国（のちのウクライナ・ソヴィエト）を宣言することで対応した。ソヴィエト・ウクライナ共和国の名でも知られるこのハルキウ政権を防衛する必要があるという主張は、ボリシェビキ・ロシアがライバルであるキーウのウクライナ人民共和国の中央ラーダ軍を追い出すために赤軍をウクライナに派遣するための「法的」正当性を与えた(8)。

一方、オーストリア＝ハンガリー帝国（一九一八年十月下旬に消滅）のウクライナ人（「ルテニア人」）の居住地（ハルィチナ）では、一九一八年十一月一日に西ウクライナ人民共和国がリヴィウに創設された。そしてその二ヵ月後、西ウクライナ共和国はキーウのウクライナ人民共和国と同様に、西ウクライナ人民共和国の統合を宣言した。キーウのウクライナ人民共和国と同様に、西ウクライナ人民共和国は「ウクライナ人」という用語を市民的な意味で理解していた。つまり、西ウクライナ人民共和国はその領土に住むすべての人々を包含していた。西ウクライナ人民共和国が提案した議会では、議員の三〇％の枠がポーランド人、ユダヤ人、オーストリア系ドイツ人のために特別に確保されていた(9)。

統合宣言をしたにもかかわらず、西ウクライナ人民共和国は独自のウクライナ・ハルィチナ軍を保持していた（その中には独立したユダヤ人戦闘部隊があった）。二つの人民共和国の軍隊は作戦上の要請が異なるため、それぞれ、生存のための闘争に明け暮れていた。西ウクライナ人民共和国はポーランドと対立

コサック国家（1649年） MAP 1

革命期のウクライナ（1917-1918年） MAP 2

西ウクライナ人民共和国（1918-1919年）　MAP 3

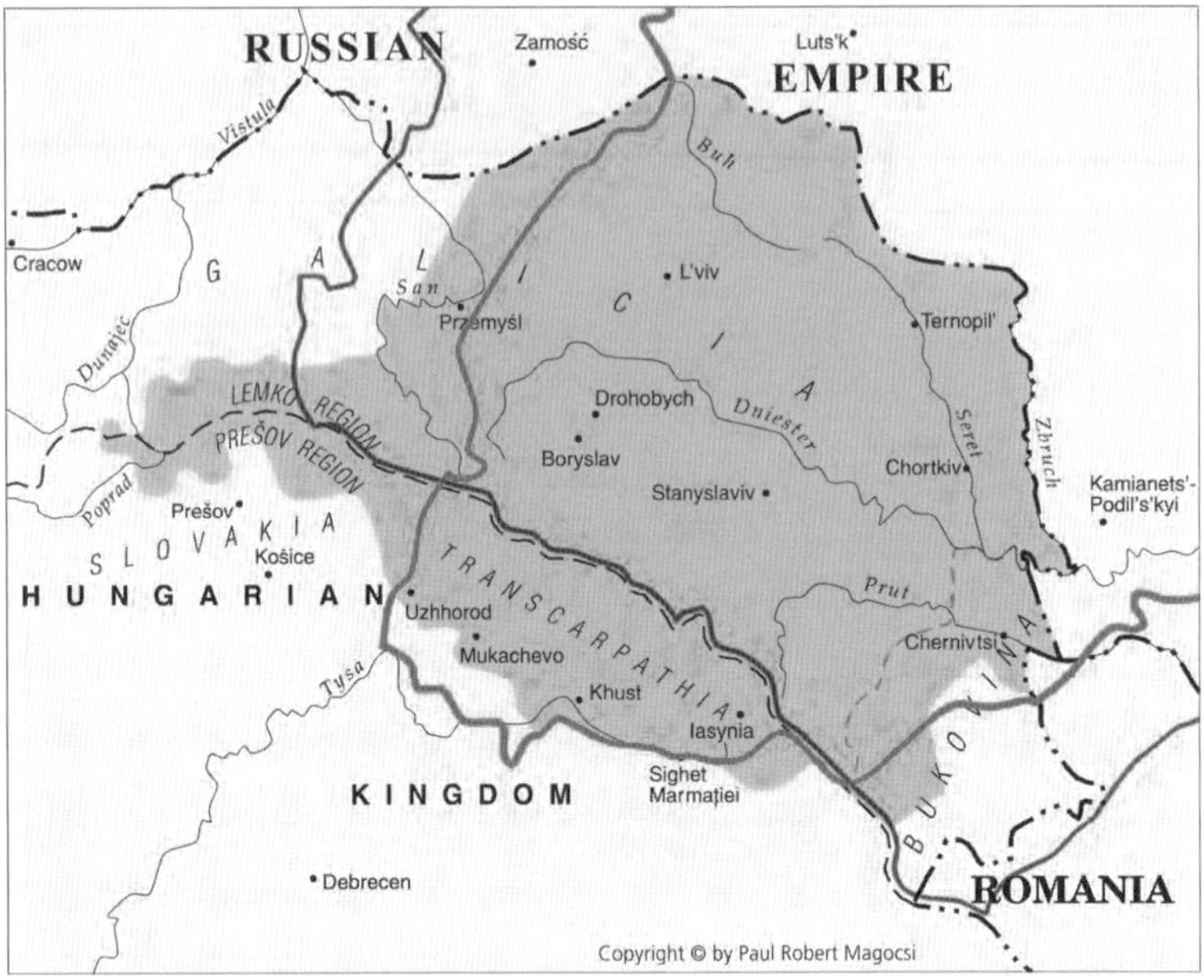

オーストリア＝ハンガリー帝国、ロシア帝国 ルーマニア王国の国境（1918年）
ハンガリー王国の国境（1918年）
ハルィチナ・ヴォルィニ公国の国境（1300年頃）
現在のウクライナ国境
西ウクライナ人民共和国が主張した領土

0　50 miles
0　50 kilometers
Scale 1 : 4 230 000

戦間期のウクライナ領　MAP 4

カルパト・ウクライナ国家（1938-1939年）　MAP 5

独立後のウクライナ　MAP 6

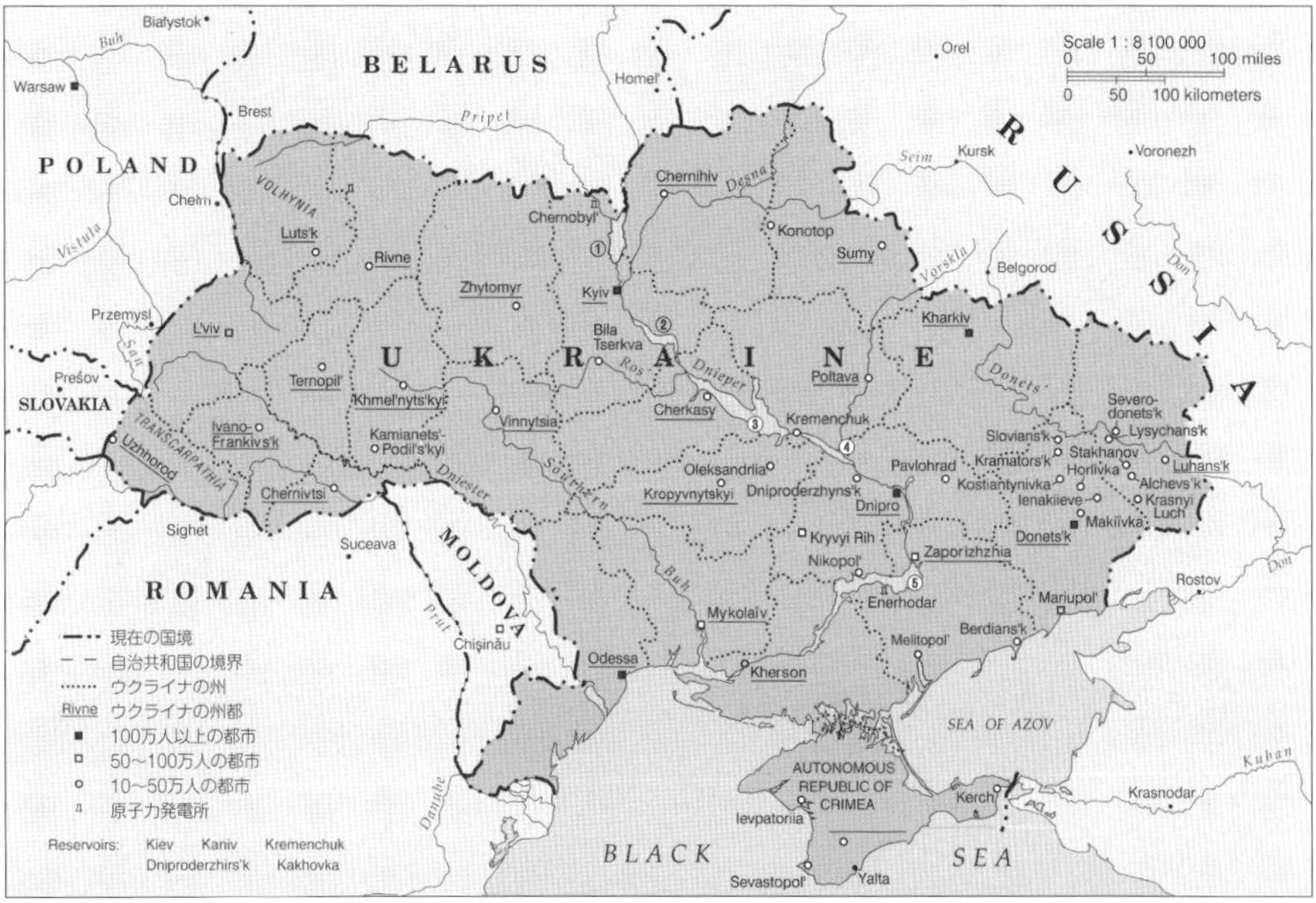

し、最終的に一九一九年七月にポーランドに敗北した。一方のウクライナ人民共和国は、ボリシェビキ主導のソヴィエト・ロシア、反ボリシェビキの白軍、および旧ロシア帝国の版図下のウクライナの土地の各地で起きた反乱農民の「軍」と戦った。キーウに本拠を置くウクライナ人民共和国とリヴィウに本拠を置く西ウクライナ人民共和国の両政府は最終的には敗北したが、この二つの政府は自分たちの国家＝ウクライナのために戦い、命を惜しまない何十万人もの軍隊を動員することに成功していたのである。

革命期（一九一七年～一九二一年）に発揮されたウクライナ国家への強い信念は、モスクワのボリシェビキ指導部（レーニンとスターリン）に、ウクライナに赤軍を派遣し、侵略し、占領しない限り、ソヴィエト・ロシアがウクライナに対する支配を維持することはできない、と確信させた。このような戦術は、ボリシェビキの政治指導者トロツキー、マヌイルシキー（D. Manuilskyi）、ラコフスキー（Kh. G. Rakovskyi）ら、および軍事指導者ムラヴィヨフ（M. Muravyov）、アントノフ＝オフセンコ（A. V. Antonov-Ovseenko）らの多くの意見を反映していた。軍事作戦は、ソヴィエト・ロシアと緊密に同盟しながら行政的には分離された存在として、ソヴィエト・ウクライナ国家を統治していたウクライナ共産党（ボリシェビキ）との連携・協力の下、実施された。

ソヴィエト時代

一九一九年一月にウクライナ社会主義ソヴィエト共和国と改名されたウクライナ人民共和国（ウクライナ・ソヴィエト共和国）は、国家としてのあらゆる仕掛けを有していた。すなわち、ハルキウを共和国の首都とし、独自に憲法を採択し（一九一九年三月）、議会（労働者、農民、兵士の代議員評議会）と政府の執行機関（人民委員会議）を設置した。同国最初の国際的な行動は、ロシア・ソヴィエト連邦社会主義共和国（以下、ソヴィエト・ロシア）、およびウクライナ社会主義ソヴィエト共和国（以下、ソヴィエト・ウクライナ）の代表たちによって締結された両政府間の連邦条約であった（一九二〇年十二月）。[10] 連邦条約は軍事的・経済的な統合を規定していたが、ソヴィエト・ウクライナはしばらくの間「主権国家」を維持し、農業部門、司法、教育、および外交問題を管理していた。

実際、一九二〇年から一九二三年にかけて、ソヴィエト・ウクライナは独立国家として機能し、対外的に承認されていた。ソヴィエト・ウクライナは外交権を保持し、戦後いくつかの国（ポーランド、チェコ・スロヴァキア、オーストリア、リトアニア、ラトヴィア、エストニア、トルコ）との条約締結の当事国となり、他にもいくつかの国と二国間協定を締結した。[11]

かつてのロシア帝国の領土空間の変容の一環として、ソヴィエト・ウクライナの「主権」は、一九二三年七月、公式に終焉を迎えた。その時には、ボリシェビキ信奉者たちは世界共産主義革命という長期目標を脇に置いた。そして民族的ナショナリズムの高揚をよく理解していた人物であった全連邦共産党書記長ヨシフ・スターリンの指導の下に、「民族的」共和国連邦を形成することを決定した。一九二三年の連邦制の施行により、ロシア、ベラルーシ、ウクライナ、ザカフカース（トランスコーカシア）が統合され、ソヴィエト社会主義共和国連邦（ソヴィエト連邦）が形成された。***

この連邦国家には、他のソヴィエト共和国を「任意に」追加的に統合することができるとされ、実際一九二〇年代にソヴィエト・ロシアから中央アジアの三つの共和国（トルクメニスタン、ウズベキスタン、キルギスタン）が創設され、ザカフカースはそれぞれ三つの共和国（ジョージア、アルメニア、アゼルバイジャン）へと再編成された。

＊＊＊　連邦は一九二二年十二月に宣言されたが、一九二三年七月まで正式に成立していなかった。

この名目上の連邦内で、ソヴィエト・ウクライナは、その住民がウクライナ人であると認識され、また住民自身もそう感じていた共通の政治空間として機能した。このウクライナと呼ばれる政体は、数年間、ある程度の自治権を享受していた。

例えば、ソヴィエト・ウクライナはしばらくの間、ウクライナの教育制度と文化的な展開に関する支配を維持し続けた。モスクワの共産党の奨励により、ソヴィエト・ウクライナ政府は一九二三年に「ウクライナ化（Ukrainianization）」として知られる政策を開始した。この政策の戦略的目標は、ウクライナ共産党（ボリシェビキ）の権威を正当化することであり、より広範な地元住民をウクライナ共産党の身分に引き込むことだった。[12] ウクライナの民族感情の実質的・潜在的な強さを認識したウクライナ共産党は、ウクライナ語とあらゆる形態のウクライナ文化を促進することにより、ウクライナ人の支持と新たな層を惹き付けようとした。このウクライナ化政策は驚くべき成功を収め、一九二九年までにソヴィエト・ウクライナの学生の四分の三が、ウクライナ語が指導言語である学校に通った。また、ウクライナ語を使用する出版物や文化機関（学術団体、図書館、劇場、博物館）の数も大幅に増加した。

このウクライナ化政策が非常に成功したため、モスクワの全連邦共産党（一九二九年以降、ヨシフ・スターリンの権限が強化された）は、ウクライナのナショナリズムに不用意に寄与しているのではないかと危惧した。それは、常にソヴィエトによる支配に対する脅威であると考えられていたからだ。そしてこれとまさに同時期に、スターリンはソ連をより急速に工業化させ、農業部門を（必要とあらば強制的に）集団化させる第一次五カ年計画を開始した。ウクライナは特に強制的集団化の矢面に立たされ、五十万人以上の自営農家（クラーク）が国外追放され、「ホロドモール（飢餓による殺人）」または大飢饉として知られる人為的な飢饉による大虐殺が行われ、一九三二年から一九三三年までだけで餓死した人は四百万人近

くに上った。(13)

これらの悲劇的な展開は、ウクライナ化政策の完全な崩壊と、ウクライナの知識人および文化的指導者に対する正面からの攻撃を伴った。それでも、一九三〇年代初頭に行われたこのウクライナの農民と都市の知識人に対する一斉攻撃は、ウクライナの民族感情を消し去ることはできなかった。本当の意味で、ウクライナ化政策の肯定的な結果と、とりわけ大飢饉（ホロドモール）の間に共有した苦しみは、将来、政治状況が変化して、ウクライナ民族運動の復興が可能になったときに再浮上するであろう共通の記憶となった。

二十世紀の戦間期に、すべての民族的ウクライナ人がソヴィエト・ウクライナの国境の内側に住んでいたわけではない。一九三〇年当時、七百二十万人以上が、近隣のポーランド、ルーマニア、チェコ・スロヴァキアの統治下にあった古くからの故郷に住み続けていた。(14)なかでも、その圧倒的多数（五百九十万人）はポーランド（歴史上のハルィチナ）に住んでいたのであるが、彼らはすべてのウクライナ人の中でも、最も熱烈な愛国者だった。彼らは、一九一八年十一月からポーランド軍に敗北する一九一九年七月まで機能していた西ウクライナ人民共和国という独自の国家を短期間ながら有していた。

その後、ハルィチナのウクライナ人はいくつかの政治的・軍事的地下運動（ウクライナ軍事組織－UVO、ウクライナ民族主義者組織－OUN、ウクライナ蜂起軍－UPA）を組織し、一九二〇年代から一九五〇年代初頭にかけてポーランドやナチス・ドイツ、ソ連と戦った。彼らの目標は、ソヴィエトでない、独立したウクライナ国家の建設であった。そこで、例えば、第二次世界大戦前夜と戦中に、チェコ・スロヴァキア東部（カルパト・ウクライナ国家－一九三八年十一月〜一九三九年三月）や旧ポーランド領ハルィチナ（一九四一年六月三十日に宣言されたいわゆる「ウクライナ国家再興の布告」）において、「ウクライナ国家」の創設が宣言された。これらの政体は短命ではあったが、このように一度は存在した独立国家を将来は持つ可能性があるのだという歴史的記憶として人々の心を満たした。

第二次世界大戦のヨーロッパ東部戦線におけるソ連の勝利と、同連邦の国境をさらに西に拡張するというスターリンの要求は、ソヴィエト・ウクライナに直接的な影響を与えた。戦間期のポーランド（ハルィチナ東部とヴォルィニ西部）、ルーマニア（ブコヴィナ北部とベッサラビアの一部）、チェコ・スロヴァキア（ザカルパッチャ、トランスカルパティア）のウクライナ人居住地域は、合計六・四五万平方マイル（一六・五万㎢）で、約一千百万人の住民がソヴィエト・ウクライナに編入されたのである。これは、編入後のウクライナ領土（二三・二万平方マイル／六〇・四万㎢）のうちの四分の一に相当し、人口は四千百九十万人を数えることとなった（一九五九年）。[15]

歴史上初めて、（ウクライナの学者によって定義された）ウクライナ人の居住地の大部分が、ソヴィエト・ウクライナではあるものの、単一のウクライナ国家の国境の内側に組み込まれた。さらに、これらの地域（特に歴史上のハルィチナ）は、ウクライナ民族運動が最も早く始まり、その後も民族言語学的アイデンティティーおよびナショナル・アイデンティティーが最も強く、最も広く影響している土地であった。

一九四〇年代の後半までにウクライナ独立という目標が達成されなかったことは明白な事実であるが、独立したウクライナ国家の概念は消えることなく、逆に本当の意味で新たな命が吹き込まれることとなった。一九四五年、ウクライナ・ソヴィエト社会主義共和国（ソヴィエト・ウクライナ）は、国連の五十一の創設メンバー国の一つとなった。

確かに、ソヴィエト・ウクライナはソヴィエト連邦の一部であったが、ソ連とは法的（de jure）に異なる独自の国家として扱われた。すなわち、国連に政府代表部を有し、大使がソ連とは異なる形でソヴィエト・ウクライナを代表した。そして国連の幅広い機関（原子力、労働、電気通信、ユネスコ、世界保健機関など）のメンバー国となり、パリ条約（一九四七年）、世界人権宣言（一九四八年）、核兵器の制限に関する部分的核実験禁止条約（一九六三年）など、百二十以上の国際条約、議定書、宣言の締約国であった。[16]

ソヴィエト・ウクライナの国際舞台での活動が、ソ連中央政府の完全な協力と一致の下でしか行えなかったことは事実である。それでも、ソヴィエト・ウクライナは国家として行動し、一定の国際環境下で国家として認識されていた。

ウクライナ国内でも、キーウのウクライナ共産党指導者は、モスクワの中央政府に働きかけ、ソ連の全予算の中からウクライナへさらなる投資がなされるよう求めて、ソヴィエト・ウクライナの利益を増進させようとした。ひとつの懸念はクリミアだった。クリミア半島は、一七八三年にロシア帝国に併合されるまで、三世紀以上にわたってクリミア・ハン国の一部だった。したがって、帝政ロシアとその後のソ連による支配は、クリミアがソヴィエト・ウクライナに「割譲」される一九五四年まで、わずか百七十年しか続かなかった。ソヴィエト・ウクライナ政府はこの問題を真剣に受け止め、この新しい領土獲得に伴う経済の改善に最善を尽くした。

その間、ソヴィエト連邦とは別個の独立した国家、という理念は生き続けた。夢を見ていただけかもしれないが、それは、一九六〇年代から一九七〇年代にかけて、迫害されながら反体制活動を行っていた様々なソヴィエト・ウクライナの知識人イヴァン・ジューバ（Ivan Dziuba）、ヴァレンティン・モロズ（Valentin Moroz）、イヴァン・スヴィトリチヌィイ（Ivan Svitlychnyi）、ペトロ・フリホレンコ将軍（Petro Hryhorenko）の著作や、世界中に分散した六百万人のウクライナ・ディアスポラ、特に米国とカナダに住む人々の中で生き続けた。

ウクライナの独立

一九九一年八月二十四日、ウクライナ・ソヴィエト社会主義共和国の選挙に基づく議会である最高議会(Verkhovna Rada)は、ウクライナが「独立した民主国家」であることを宣言した。[17] この独立国家に向けた運動は、一九八五年以降、全ソ連共産党議長ミハイル・ゴルバチョフによって開始されたソヴィエト社会の改革と変革に関連した漸進的なプロセスであった。

ウクライナ・ソヴィエト社会主義共和国の変化は一九八九年までは本格的に始まらなかったが、「ルフ」と呼ばれる市民組織(ウクライナ国家再構築のための国民運動)が先頭に立ち、変革を起こしていった。「ルフ」の支持者たちは最高議会の議員に選出され、共産党の一部の議員たちと協力しながら議会を主導し、ウクライナ最高議会は主権国家を宣言した(一九九〇年七月)。独立に向けた次の一歩は、モスクワでの予想外の出来事によって引き起こされた。それは、ゴルバチョフ打倒のためのクーデター未遂(一九九一年八月)である。クーデターの失敗を受けて、ウクライナ最高議会は独立を宣言した(八月二十四日)。

その宣言をさらに正当化するために、最高議会は、三ヵ月後の十二月一日に国民投票の実施を求めた。投票権を有する市民は、最高議会の独立宣言の可否を問われた。その結果は、最も熱烈な独立支持者の間でさえ予想外のものであった。驚くべきことに、有権者の九二%もの支持で独立宣言が承認されたのだ。ウクライナ独立の支持率が低いと思われた地域でさえ、半数以上の有権者が支持した(ドネツィク州八四%、ルハンシク州八四%、クリミア州五四%)。[18]

これほど多くの人々が独立を承認した動機は何だったのか。確かに多くの人々は、独自の国家を持つことが、ウクライナ民族として生き残るための最良の保障であるという考えに触発された。しかしながら、その変化がどうであれ、自分や子供たちの生活は改善されるであろうと期待する人たちもいた。独立は、このような両者の欲求を満たしているように思われた。

十二月一日の国民投票から数週間以内に、ソヴィエト連邦は消滅した（一九九一年十二月二十六日）。その後数ヶ月間、ウクライナの独立は、世界中のほとんどの国、国連、そしてソ連崩壊後の隣国であるロシア連邦とベラルーシによって承認された。

独立国家としてウクライナは移行期に入るが、その間の最優先事項は以下の点だった。

一　経済の変革（計画経済から自由市場経済へ）、

二　国家機関の構築（権威主義型から民主主義型へ）

三　対外関係の再構成（旧ソ連世界への依存から、欧州連合及び北米とのより緊密な関係へ）。

そしてこの移行期における重要な一歩は、新憲法を採択することであった。

ウクライナ社会のあらゆる場面で、来たるべき憲法について幅広い議論が行われた。ウクライナはフランスをモデルとする中央集権国家か、あるいはドイツをモデルとする連邦国家か。ウクライナが多様な地域から構成されているという現実があり、それぞれの地域が独特な歴史と複数の民族からなる住民を有するために、連邦国家体制が適しているように思われた。しかし最終的に、一九九六年に採択された憲法は、直接投票で選出される大統領が率いる政府と、得票数に基づいて各政党が選ぶ議員によって構成される一院制議会（Verkhovna Rada、最高議会）という立法府からなる単一国家体制を規定した。単一国家としての唯一の例外はクリミアであり、ウクライナ内で自治共和国として承認され、独自の議会を持つこととなった。

民族・言語の多様性

典型的なヨーロッパの国として、ウクライナは古来より民族的多様性を有する国である。過去には全ソ連国勢調査によって、（年齢に関係なくすべての子供を含む）各住民の国籍が記録されていた（また実際にそうすることが求められていた）。この「国籍」は「国内パスポート」と呼ばれていたIDカード（身分証明書）に記載される国籍と一致していた。この国籍の識別（ウクライナ人、ロシア人、ポーランド人など）は、市民権（ソヴィエト市民、あるいは「外国人」と書かれる）とは区別されていた。[19]

ソ連最後の国勢調査（一九八九年）によると、ウクライナの総人口五千百四十万人のうち、七三％近くがウクライナ人だった。残りの二七％は百を超える民族的マイノリティによって構成されていた。数的に最大のマイノリティは一千百三十万人の民族上のロシア人（ウクライナの総人口の二二％）であり、これに数の上では非常に少なくなるものの、ベラルーシ人、モルドバ人、クリミア・タタール人、ブルガリア人、ハンガリー人、ルーマニア人、ポーランド人、ユダヤ人、アルメニア人と続いていた（すべて総人口の一％以下）。[20]

また、数的には少数ではあるものの、ザカルパッチャ州のハンガリー人、ヘルソン州のモルドバ人、アゾフ海沿岸のブルガリア人、クリミア半島のクリミア・タタール人、アゾフの港湾都市マリウポリとその周辺のギリシャ人など、民族的マイノリティの一部は、特定の地域に集中的して住んでいる場合、その地域においては「多数派」を構成していた。数的には最大のマイノリティである民族上のロシア人は、ウクライナ東部と南部のいくつかの地域（ハルキウ州、ドネツィク州、ルハンシク州、クリミアの一部）では、実際に住民の過半数を占めていた。

念頭に置くべき重要なことは、ウクライナの現在の法制度にかかわらず、上記のすべての「民族的マイノリティ」は先住民であり、ロシア人、ポーランド人、ハンガリー人、ルーマニア人、モルドバ人などの子孫として、何世紀にもわたって同じ場所に住んできた人々である。****別の言い方をするなら、彼らの祖先の土地は現在のウクライナにあり、彼らの母国または故郷はウクライナであり、（現在の）ロシア、ポーランド、ハンガリー、ルーマニア、モルドバ、ブルガリア、その他の場所ではないのだ。

また重要なことは、市民の母語（これも国勢調査で記録されている）と国籍を区別することにある。ロシア語を母語（日常語・利便性のある言語）と報告したウクライナの住民のすべてが民族上のロシア人ではなかった。歴史的に、ウクライナ人を自認する民族上のウクライナ人のうち、かなりの割合がロシア語話者であった。この言語状況は、ロシア語がウクライナで最も重要な言語としての地位を与えられていた七十年間のソヴィエト支配（一九二一－一九九一年）の間に強化された。さらに、民族的マイノリティの多く、特にベラルーシ人、クリミア・タタール人、ブルガリア人、ギリシャ人、（以前は人口がはるかに多かった）ユダヤ人は、昔も今もロシア語を話している。

**** 現在、ウクライナが先住民（ウクライナ語ではkorinni）として認定しているのは、クリミア・タタール人、カライム人、クリムチャク人のみで、彼らのほとんどはクリミアに住んでいる。先住民とは、一般に、特定の領域に少なくとも一世紀（三世代）さかのぼって存在する人々と定義されるため、ウクライナの「民族的マイノリティ」の多くは先住民の地位に値する。

Ⅲ　ウクライナというナショナル・アイデンティティー

一九九一年にウクライナが国家としての地位を獲得したことで、この新しい政体が包み込もうとする人々の共通の国民としてのアイデンティティーは市民的な原則に基づくのか、それとも民族的な原則に基づくのか、という問題が生じた。言い換えれば、特定の地域に住み、共通の市民権により結び付けられ、共通の法体系や政治制度に属することを認識している人々のコミュニティとして国家に関係することを基礎とする、市民型ナショナル・アイデンティティーなのか、それとも、言語、歴史的伝統、文化的価値観によって定義される特定の民族性に主に関連づけられるところの民族型ナショナル・アイデンティティーなのか、という問題だった。一九九六年憲法は、「ウクライナ国民」を「すべての『国籍』からなる市民」と定義することで、この問いに明確に答えた。(21)

ウクライナ人としてのアイデンティティーの発展

市民型アイデンティティーを強調する憲法は、何がウクライナ人のアイデンティティーを構成するのかについてのより伝統的な概念を排除するものではなかった。憲法はまた、国家に対し、「ウクライナ人としての国民意識とその歴史意識、伝統、文化の定着と発展を促進する」ことを求めた。(22)とりわけ重要で、定着が求められている要素としては、国家の唯一の公用語（ウクライナ語では「国家語」）がウクライナ語であり、ウクライナ語の「包括的な発展」が「社会生活のすべての分野で」促進されることとされた。(23)

ウクライナ語は、特に国家が管轄する国の教育制度において、より重要視されることになったが、他方「民族的マイノリティの言語」には「自由な発展」が保障された。[24] 最も議論されるのは、ウクライナ住民の三〇％の母語であるロシア語だった（二〇〇一年国勢調査）。[25] ロシア語話者の多くはしばしば彼らの言語が「マイノリティ言語」と分類されることに不満を示したが、実際には、ロシア語は、ウクライナの一千二百七十五の小中高校の授業で使われる指導言語として排他的な地位を占めていた。[26] 少なくとも二十一世紀初頭までは、ほとんどの高等教育機関（大学、短大、専門学校）でロシア語が指導言語であり、ロシア語はウクライナ全土で活字媒体は言うに及ばず、非活字媒体においてもその使用が支配的であった。

独立以降、教育課程の改革は、ウクライナの経験を核とする史実の枠組みを共有する、新しく、若い世代の台頭を促進した。教育省が全国向けに定めた指導要領に従い、カリキュラムは大幅に見直された。ウクライナの歴史は学生の専門分野に関係なく、小学校の高学年から高校まで、また短大、大学、専門学校で必修科目とされた。かつてのソヴィエト・マルクス主義に基づく歴史教育は、第一次世界大戦の前に、ウクライナで最も有名な歴史家で初代大統領（一九一八年）であるミハイロ・フルシェフスキーによって既に作られていたウクライナ国家の歴史観に置き換えられた。

このフルシェフスキーの歴史観は、中世のウクライナの政体であるキーウ・ルーシを「原始」ウクライナ国家とみなすものの、ロシア帝国との統合を避け、ロシアからの独立のために戦った十七、十八世紀のコサック国家に最大の重点を置いている。二十世紀のソヴィエト時代に関しては、単に社会的、経済的成果の時代として描かなくなっただけでなく、ウクライナ人の民族思想が抑圧され、恐ろしい数の死者を出した「ホロドモール」が一九三二－一九三三年の大飢饉の際に引き起こされるなど、苦しみに満ちた時代であったことが記されている。

ウクライナ人としての共通の感受性を形成することは、公共空間を変革しようとする地域コミュニティの努力によってさらに促進された。ソヴィエト支配の象徴、特にソヴィエト建国の父・レーニンの像は、多くの都市、街、村の広場から撤去され、主に十九世紀のウクライナの国民的吟遊詩人タラス・シェフチェンコの記念碑に置き換えられた。二〇世紀にソヴィエト政権によって抑圧された出来事や人物の名誉は、大学の学者や学校の教科書の著者、ウクライナ国立科学アカデミーに属する各研究所、そして新しく創設されたウクライナ国立記憶研究所による幅広い活動を通して回復されていった。

大飢饉（ホロドモール）を追悼する公共のモニュメントが設置され、ソヴィエト支配に全面的に、あるいは部分的に反対した名誉ある著名人―アンドリー・シェプティツキー（Andrei Sheptytskyi）、ミハイロ・フルシェフスキー、ムィコラ・スクルィプニク（Mykola Skrypnyk）、ステパン・バンデラ（Stepan Bandera）などの名前を通りや広場に冠していったことで、ウクライナの公共空間は次々に豊かになっていった。いくつかの街や都市のソヴィエト風の名前が変更され（アルテミフスクはバフムトに、ドニプロペトロフスクはドニプロに、キロヴォフラドはクロピウニツキーに）、紙幣にはウクライナの愛国的英雄たちの肖像が描かれた―タラス・シェフチェンコ、ボフダン・フメリニツキー（Bohdan Khmelnytskyi）、イヴァン・マゼーパ、ミハイロ・フルシェフスキー、などである。

ウクライナの歴史を教える教育と公共空間の再創生は、一面では民族的ナショナリズムを強調しているように見えた。しかしその一方で、ウクライナの非ソヴィエト化は、ウクライナのすべての人々に「声」を与える努力があったという点で、市民的ナショナリズムの原則を反映していた。

ウクライナの新しい歴史、特に小中高校で使用される必須の教科書は、次第に多文化的アプローチを採用し、民族的にウクライナ人ではない国民個人やコミュニティの業績に対してより大きな注意が払われるようになった。例えば、教育科学省は特別プログラムを策定して、ホロコーストとウクライナにおけるそのユダヤ人犠牲者について、教師の研修と意識向上を図った。[27]公共の場では、民族的マイノリティが集中的に居住する地域には、それぞれのマイノリティ出身の著名人に因んだ名がその場所の通りに付けられた。特にリヴィウ、チェルニウツィ、ウマンではユダヤ人の名前が、マリウポリではギリシャ人の名前が、ザカルパッチャ州南部では各地にハンガリー人の名前が付けられた通りが数多く存在している。

ウクライナ政府や地方行政府は、それが世俗的なものであれ、宗教的なものであれ、ウクライナ国内の様々な人々を代表する既存のモニュメントを修復したり、新たに建設するために直接的に支援し、外国からの投資を奨励した。こういった多くの事例の中で際立っているのは、ユダヤ人にとってのキーウ（バビ・ヤール）とハルキウ（ドロビツキー・ヤール）のホロコースト虐殺現場、ドニプロのメノラ・コミュニティ・センターとユダヤ人歴史博物館、リヴィウの旧ユダヤ人街とヤノフスキー労働収容所、そしてウクライナ各地に存在する多数のシナゴーグである。また、クリミア・タタール人にとってはバフチサライのカーン宮殿、クリミア全土に分布するモスク、文化人や政治家の像であり、ギリシャ人（マリウポリ）とハンガリー人（ベレホヴォ）にとっては大学レベルの高等教育機関である。特に、多文化都市オデーサは、市内のギリシャ人、ドイツ人、ユダヤ人、アルメニア人、およびブルガリア人のコミュニティに特別に配慮した市民および文化センターを建設することが奨励された。かつて第一次世界大戦前までウクライナを支配していた帝国の象徴的な人物に対しての一部の市民のノスタルジーを満たすために、復元され、または新しく建てられた記念碑さえあり、オーストリア＝ハンガリー帝国フランツ・ヨゼフ皇帝（チェルニウツィ）、ロマノフ王朝エカテリーナ女帝（オデーサ）や彼女に寵愛されたグレゴリー・ポチョムキン大臣（ヘルソン）がそれにあたる。前述のとおり、現代のウクライナ人のアイデンティティーは、複雑でありかつ進化を続けている。

言語や文化のようなウクライナ人のアイデンティティーを特徴づける民族的要素の上には、ここ数十年で、市民的アイデンティティーの要素が塗り重ねられた。そしてその両方が、民族的ウクライナ人がウクライナ国家の在り方についてどのように考えているか、また、ウクライナに住んではいるが、政治的な共同体としてのウクライナに受け入れるには民族的特徴を欠いている人々をどう許容するのか、を示している。同時に、この民族的アイデンティティーと市民的アイデンティティーは、ウクライナ社会の特定の集団が持つその他の世界観とも共存している。時代や地理的な位置によって、その世界観は異なっているのである。

ウクライナにおけるアイデンティティーの類型

分析のために、民族的または市民的な原則に従って分類される四つの「ナショナル」・アイデンティティーに言及することは有益であろう。しかしながら、実際には、これらのアイデンティティーは相互に独立したり、排他的なものではなく、二つないしそれ以上のアイデンティティーが組み合わさって、あるひとりのウクライナの市民のアイデンティティーが形作られる場合もあるだろう。

一　**ウクライナ人としての民族的アイデンティティー**－ウクライナ人としての民族的アイデンティティーの決め手は、その人がウクライナ語を話し、ウクライナ人であると自認し、ウクライナが実存する国民国家であるという信念である。独立以前、このウクライナの民族意識は西ウクライナ、とりわけ歴史的にハルィチナ、ヴォルィニと呼ばれる地域の住民の間で最も強かった。そして独立以降は、ウクライナ全土でより多くの若い人々（ソヴィエト崩壊後に生まれ、新しい時代の薫陶を受けてきた人々）が、自分たちの「ナショナル」・アイデンティティーを決める上での、この民族的アプローチを受け入れてきた。

二　**ロシア人としての民族的アイデンティティー**　ロシア人としての民族的アイデンティティーは、祖先が何世代も、場合によっては何世紀にもわたってウクライナ、特に東部や南部に住んできたロシア人に見ることができる。彼らの主要かつ、多くの場合唯一のコミュニケーションのための言語がロシア語であるだけでなく、彼らの文化的親近感（正教会モスクワ総主教座への帰依として表現されることが多い）は彼らと、彼らの祖先が属していたロシアに向けられている。それは、ロシア帝国であろうとソヴィエト連邦であろうと関係がない。

三　**ソ連市民的アイデンティティー**　ソ連市民的アイデンティティーとは、ソヴィエト連邦のどこであれ、その一角で生まれ育ち、教育を受けた人々（しばしばソヴォクと呼ばれる）に表れる。彼らのコミュニケーション言語はロシア語で、かつての祖国で最も権威のある言語だった。当然の結果として、彼らはウクライナ語を農民の話し言葉に過ぎず、言語ではないとみなし、（しばしば示威的に）それを使うことを拒否している。ウクライナ政府によって言語に関する法律やガイドラインが制定されたことに、彼らは憤りを感じている。

これらソ連市民的アイデンティティーを有する人々（ソヴォク）は、ソヴィエト時代の身分証明書に記載されていた国籍を持っている。しかし、それは大部分が名目上のアイデンティティーだった。これは、ロシア人であろうとなかろうと、国籍は重要視されていなかったからだ。したがって、ソヴィエト連邦という国とその文化的および政治的価値観とのつながりは、ソ連市民的アイデンティティーの主要な特徴となった。ソヴィエト連邦亡き今、ウクライナの「ソヴォク」は、ソ連の後継国家であるロシア連邦を祖先の故郷とみなしており、いつか再び政治的に属する可能性があると考えている。「ソヴォク」は主に年配世代（現在では五十歳以上）がほとんどで、ウクライナ全土にわたって見受けられるが、主にウクライナ東部と南部、特にクリミアに多く存在する。

四　ウクライナ人の市民的アイデンティティー－ウクライナ人の市民的アイデンティティーは、ウクライナという国を、すべての異なった民族性を有する人々が受け入れてもよいと思ういくつかの共通の価値観によって定義される国と考える。これらの価値観の鍵となるのは、市民の国籍や言語に関係なく、国とその利益に対する忠誠心にある。したがって、ロシア語またはクリミア・タタール語の話者は、ウクライナ語話者と同様にウクライナ国民であると捉えている。民族的ウクライナ人、ロシア系ウクライナ人、ポーランド系ウクライナ人、ユダヤ系ウクライナ人、クリミア・タタール系ウクライナ人などから構成される現代的な多民族・多文化国家について述べることができるのは、まさにこの文脈においてである。

また同時に重要なことは、どのような国家が市民の忠誠に値するかについて共有される価値観であろう。（ロシア連邦国民であろうと、ウクライナやソ連崩壊後の様々な地域に住む「ソヴォク」であろうと）国家そのものが自分のアイデンティティーであるとみなすロシア人とは対照的に、ウクライナ人の市民的アイデンティティーを信奉するウクライナ国民は、国家が法の支配や人権擁護といった民主主義の原則を遵守することを期待している。このような政治モデルは、明らかに彼らが属したいと切望する欧州連合型であって、ロシア連邦や、その他のいかなる独裁体制でもない。

近年の出来事とその影響

近年の出来事が、ウクライナ人の市民的アイデンティティーと国家の概念に大きな影響を与えたことは疑いの余地がない。その一つ目の出来事は二〇〇四年のオレンジ革命だった。この出来事の重要性は、大統領選挙の再投票が実施され、最初の投票結果を覆す結果がもたらされただけでなく、このことで国民の持つ力が明らかになったことにあった。ウクライナのような権威主義的で独裁的な支配に慣れていた社会にとって、オレンジ革命はウクライナの大部分の人々の国民意識を変えた。一般市民が街頭に出て抗議しただけでなく、現実として変化をもたらすことができたのである。それ以上に、（真冬の氷点下に直面しながら）数週間にわたって払われた彼らの個人的犠牲は、国家の利益、つまり「彼らの国家」を守るためのものであった。

ウクライナのナショナル・アイデンティティーの市民的側面を最終的に完成させた二つ目の出来事は、「尊厳の革命（マイダン革命）」だった。マイダンの名で知られる首都キーウ中心部の独立広場で、この抗議行動は四ヵ月間（二〇一三年十一月－二〇一四年二月）にわたって行われた。この時の抗議はウクライナの国家としての、その地政学的な立ち位置をめぐっての利益に関係していた。とりわけ十年前のオレンジ革命以降、ウクライナの社会とアイデンティティーはますます欧州連合に向かっていたのである。ウクライナのヴィクトル・ヤヌコーヴィチ大統領は、欧州連合との協力覚書に署名することに同意していた。しかし、最後になって、ロシアのウラジーミル・プーチン大統領の圧力を受けて、署名は拒否された。この決定が、キーウのマイダンでの抗議運動の引き金を引いた。ヤヌコーヴィチ大統領が暴動鎮圧特殊部隊を投入すると、広場は血塗られた殺戮の現場となり、百人以上のデモ参加者が射殺された。最終的には、抗議行動側が特殊部隊を打ち負かし、ヤヌコーヴィチ大統領を失脚させた。民衆の力が勝利したのだった。ウクライナ市民の熱烈な支持を得て、新たに親欧政権が誕生し、これまで国を治めている。

しかし、この勝利はほろ苦いものとなった。なぜなら、「尊厳の革命」の直後にロシアはクリミアに侵攻し（二月下旬）、併合したからだ（三月二十四日）。ロシアはそれと同時にドンバス（ドネツィク州とルハンシク州で構成されるウクライナ東部地域）のロシアへの協力者を調略し、積極的に分離主義勢力を支援した。気が付けば、ウクライナ政府は東部の国境地帯における戦争に巻き込まれていた。ロシアの支援を受けた分離主義勢力との八年間におよぶ紛争で、一万三千人以上のウクライナ人が殺害され、約二百万人が故郷ドンバスから他の地域に追いやられた。[28]

ロシアによるクリミアの占領と強制的な併合、ロシアおよびドンバスの親露分離主義勢力との戦争は、ウクライナ人の間に、どのような民族的背景を持つかにかかわらず、市民的な国家のアイデンティティーを高めるために何よりも大きな役割を果たした。例えば、キーウのマイダン（独立広場）で二〇一三年後半に殺害された最初の抗議運動参加者がアルメニア系の若いウクライナ国民だったことは皮肉的ではあるが極めて象徴的な事件となった。さらに、マイダンで毎日行われた集会で最も声高に発言したのは、影響力のあるウクライナのユダヤ人団体・コミュニティの協会（ＶＡＡＤ）の会長であるヨシフ・ジセリスであった。[29]また、ウクライナ東部の親露分離主義勢力と戦ったウクライナ軍の兵士の多くは、地元ドンバスのロシア語を話す住民であることが判明した。このように、マイダンの抗議行動参加者とウクライナ東部のロシア語を話す兵士たちが、自分たちの国であるウクライナのために声を張り上げ、戦い、命を落としたことは明らかだ。

二〇二二年二月に始まったロシアとの戦争の最新局面は、民族的であれ市民的であれ、ウクライナのアイデンティティーがいかに強固に、かつ広く共有されるようになっているかを示した。ロシアのウクライナ侵略に対するウクライナのあらゆる階層の人々の勇敢な抵抗は、ウクライナ国民自身が自らのアイデンティティーを、ロシアとはより対照的に区別し、一方、欧州の価値観とは寄り添う形で定義しようとする傾向の証拠であり、かつその傾向は、さらに強まっていくだろう。

Ⅳ　まとめ

「ウクライナ国家」という理念は、少なくとも十七世紀半ばまでさかのぼる長い伝統がある。当時、現代のウクライナの中心部にコサック「国家」が建設され、一七八〇年代まで独立した自治組織として存在していた。

ウクライナ民族運動は、十九世紀の間、独立国家の理念を維持していた。第一次世界大戦後の革命期（一九一七－一九二〇年）に、ロシア帝国とオーストリア＝ハンガリー帝国が崩壊すると、短い期間に四つを下回らない「ウクライナ国家」が五つの異なる体制によって樹立された。それらは、ウクライナ人民共和国（中央ラーダおよびディレクトーリア）、ソヴィエト・ウクライナ人民共和国（ソヴィエト・ウクライナ）、ウクライナ国（ヘーチマン政府）、および西ウクライナ人民共和国である。

これらの共和国のうち、生き残ったのはソヴィエト・ウクライナの一つだけだった。これは主に、ソヴィエト・ロシアとの緊密な同盟関係と依存を維持した結果であり、一九二三年七月にはソヴィエト社会主義共和国連邦（ソ連）が形成された。ソヴィエト・ウクライナは、（暫くの間の外交権を含む）国家として多くの仕掛けを有していたが、一九三〇年代初頭、モスクワのソ連政府（全連邦共産党）に完全に服従した。それにもかかわらず、ソヴィエト・ウクライナは、独自の政体としての状態を維持し、第二次世界大戦の終わりに領土が約四分の一拡大した。

ソヴィエト・ウクライナの国家としての地位は、一九四五年に独自の権利を有する国連の創設メンバー国として参加したことで実際に高まった。一九八〇年代後半にソヴィエト連邦が変革期に入ると、主権国家としてのウクライナを求める声が高まり、一九九一年、ウクライナは完全な独立を果たした。

独立を勝ち取った後、現在のウクライナ国家は憲法(一九九六年)を採択し、同憲法は国家の形態を(連邦ではなく)単一国家と規定した。にもかかわらず、ウクライナが民族的原則に基づくべきか、あるいは市民的原則に基づく国家になるべきかという問題は未解決のままだった。換言すれば、それは民族的ウクライナ人の文化的価値観によって定義される国家になるべきなのか、あるいは国籍や言語に関係なく、すべての市民に共通のアイデンティティーによって定義される国家になるべきなのか、という問題だ。

一九九一年の独立以降のウクライナ情勢の展開、特に二つの社会・政治的激動、すなわちオレンジ革命(二〇〇四年)と「尊厳の革命(マイダン革命)」(二〇一三-二〇一四年)以後の動きは、ウクライナがますます、ウクライナ人とは誰かということについて、自らの憲法が宣言した市民的原則によって定義される国民国家に近づいてきた、ということを示している。「ウクライナの国民」とは「すべての『国籍』からなるウクライナの市民」なのである。[30]

ウクライナの市民的アイデンティティーの中の共通の願いの中には、表現の自由、人権、法の支配といった原則に重点を置くヨーロッパの民主的価値観で治められる国家へのコミットメントがある。市民的原則に基づく国家の強さは、二〇二二年に勃発した「プーチンの戦争」という、ロシアのウクライナへの侵略に対する反応によって、あらゆる予想を超える形で証明された。この戦争の間、ウクライナのあらゆる地域、あらゆる民族、あらゆるジェンダー、あらゆる言語の市民が自分たちの国はウクライナであることを自ら認識し、自分たちの国ウクライナを守るために立ち上がり、戦い、命を落としたのであった。

訳者あとがき

本著〝UKRAINA REDUX〟を知ったのは、訳者の恩師であり、スラブ言語研究の最前線で活躍されている世界的な言語学者、野町素己教授（北海道大学スラブ・ユーラシア研究センター長）からの一本のメールであった。ウクライナ史研究の大家であるポール・ロバート・マゴチ教授が、戦火にあるウクライナに関する学問的な視点を提供したいという強い想いから、日本のすべての国会議員をはじめ、政府要路に本書を読んでいただきたいので、和訳してくれる人を探している、ということだった。

ユリウス・カエサルが著した『ガリア戦記』に〝***Homines id quod volunt credunt.***（**人間は信じたいと望むことを信じる**）〟という金言がある。これは、ガリア戦争においてローマ帝国軍が大敗北を喫した際、カエサルが発したとして記された言葉だ。

ロシアのウクライナ侵攻からすでに一年以上が過ぎ、日本をはじめ世界中の人々が、ウクライナを支持するのか、ロシアを支持するのか、どの情報を「信じればよいのか」、戦争を取り巻く情報戦に「自ら巻き込まれている」。「人間は信じたいと望むことを信じる」という現象は二〇〇〇年以上経った現在の我々もその本質は変わっていない。エビデンスのない風聞であろうが、人間は自分が信じたい言説を頼り、それを基に意見を異にする他者を攻撃する。それは人間の弱さからくるものであろう。本書は、そういった人間の心理的・思考的弱さを見抜いているかのように、ウクライナ・ロシア戦争の情報戦の中で、我々が論理的な視点を持って世界の歴史的・政治的現象を捉えるための学問的知見を提供している。

本書は、二〇一三年のクリミア併合、二〇一四年のドンバス紛争から始まり現在に続くウクライナ・ロシア戦争において、「なぜ、ウクライナ人は多大な犠牲を厭わず、ロシアの侵略に抵抗し続けるのか？」という問いに対し、明確な答えを我々に提供している。それは、しばしば日本の巷で語られてきた「ウクライナはロシアに属するべきか、欧米に属するべきか」という観点や、「ウクライナは欧米の手先だ」、「ウクライナはロシアの属国であるべき」といった人種差別に匹敵するような極論とは、まったく異なる軸で論じられている。

最も注目すべき論点の一つは、ウクライナの市民的アイデンティティーの発展についてであろう。ウクライナの一九九六年憲法で「ウクライナ国民とは「すべての『国籍』からなる市民」と定義されており、地域ごとに異なる文化や歴史を持ち、いかなる民族、いかなる言語を話す者であろうと、ウクライナという領土に住まうすべて市民たちが「ウクライナ国民」であるという市民的アイデンティティーが、近年のウクライナにおける二つの「革命」で発露し、発展してきた経緯を本著は明らかにしている。その中には、もちろん、民族的にロシア人であると自認する人々、ロシア語を母語として話す人々、更には、マイダン革命で暴動鎮圧部隊の最初の犠牲となったアルメニア系ウクライナ人等が含まれるという。

本書の出版にあたり、訳者を信頼し、すべてを任せてくださったマゴチ教授、また、著者との橋渡しをしてくださった野町教授、そして訳者を励まし、全面的に協力してくださったドニエプル出版・代表取締役社長の小野元裕氏をはじめとするすべての関係者に心から感謝の意を表したい。

二〇二三年四月

スラブ世界研究所
主任研究員　河津　雅人

Population, Vol. 57, No. 6 (2002), pp.812-813.

20 Magocsi, *A History of Ukraine*, Table 53.3, p. 745.

21 *Constitution of Ukraine*: Preamble p. 1, accessed at https://rm.coe.int/constitutionof-ukraine/168071f58b.

22 *Constitution of Ukraine*: Article 11, p. 2, in ibid.

23 *Constitution of Ukraine*: Article 10, p. 2, in ibid.

24 Ibid.

25 Світлана Мельник, Степан Черничко, *Етнічне та розмовне розмаїття України* (Uzhhorod: PoliPrint, 2010), p. 12.

26 State Statistical Services of Ukraine, "Загальноосвітні навчальні заклади України на початок 2013-2014 навчального року," sheet 64.

27 ウクライナ教育科学省公式ウェブサイト。リンク:
https://mon.gov.ua/ua/ovsita/zagalna-serednya-osvita/navchalni-programi/navchalni-programi-5-9-klas; https://mon.gov.ua/ua/ovsita/zagalna-serednya-osvita/navchalni-programi/navchalni-programi-dlya-10-11-klasiv

28 Radio Svoboda, *The UN has counted the number of victims of hostilities in Donbass* (19 February 2021), accessed at https://www.radiosvoboda.org/a/news-oon-kst-gerty-boyovyh-donbas/31110937.html

29 ヨシフ・ジセリスはウクライナのユダヤ人の地位に関する誤解に対して抗議する数十の著名なユダヤ人組織やユダヤ人が署名した書簡を執筆し、2014年3月26~27日に*The New York Times*(ニューヨーク)、*The International New York Times*(パリ)、*The National Post*(トロント)、*Haaretz*(エルサレム)において声明文が全ページ掲載された。"To the President of the Russian Federation Vladimir Vladimirovich Putin," reproduced in Paul Robert Magocsi and Yohanan Petrovsky-Shtern, *Jews and Ukrainians: A Millennium of Co- Existence*, 2nd revised ed. (Toronto: University of Toronto Press, 2018), pp. 277-278

30 *Constitution of Ukraine*: Preamble, p. 1.

文末脚注

1 Vladimir Putin, "On the Historical Unity of Russians and Ukrainians," accessed at https://www.prlib.ru/en/article-vladimir-putin-historical-unity-russians-and-ukrainians

2 ヘルダーが抱いたその後に影響力を与えた修辞的な疑問は、「人々にとって…彼らの祖先の言語よりも大切なものがあるだろうか？」というものがあり、普遍的な文化的平等に関する彼の議論は以下の文献で見受けられる。 Johann Gottfried von Herder, *Briefe zu Beförderung der Humanität*（Letters for the Advancement of Humanity, 1793）, No. 10, in his Werke, Vol. VII（Frankfurt am Main, 1991）, p. 65.

3 Paul Robert Magocsi, *A History of Ukraine: The Land and Its Peoples*, 2nd revised and expanded ed.（Toronto, Buffalo, and London: University of Toronto Press, 2010）, esp. 389-407, 423-442, and 467-488.

4 "Fourth Universal of the Ukrainian Central Rada, 9 January 1918," in Taras Hunczak, ed., *The Ukraine, 1917-1921: A Study in Revolution*（Cambridge, Mass.: Harvard University Press, 1977）, p. 392.

5 "Second Universal of the Ukrainian Central Rada, 3 July 1917," in ibid., p. 386.

6 "Fourth Universal," in ibid., p. 394.

7 Vasyl Markus, "International Legal Status of the Ukrainian State," in *Ukraine: A Concise Encyclopedia*, Vol. 2（Toronto: University of Toronto Press, 1971）, pp. 67-68.

8 Jurij Borys, *The Sovietization of Ukraine, 1917-1923*.
（Edmonton: Canadian Institute of Ukrainian Studies, 1980）,pp. 184-188.

9 Vasyl Kuchabsky, *Western Ukraine in Conflict with Poland and Bolshevism, 1918-1923*（Edmonton and Toronto: Canadian Institute of Ukrainian Studies Press, 2009）, p. 57.

10 "Treaty of Union Between the Russian Soviet Socialist Republic and the Ukrainian Soviet Socialist Republic, 28 December 1920," in Magocsi, *History of Ukraine*, pp. 563-564.

11 Borys, *Sovietization of Ukraine*, in ibid., pp. 309-311.

12 Terry Martin, *The Affirmative Action Empire: Nations and Nationalism in the Soviet Union, 1923-1939*（Ithaca and London: Cornell University Press, 2001）, pp. 75-124.

13 Oleh Wolowyna, "The Famine-Genocide of 1932-33: Estimation of Losses and Demographic Impact," in Bohdan Klid and Alexander J. Motyl, eds., *The Holodomor Reader*（Edmonton and Toronto: Canadian Institute of Ukrainian Studies Press, 2012）, p. 63.

14 Paul Robert Magocsi, *Ukraine: An Illustrated History*.
（Seattle: University of Toronto Press, 2007）, Table 35.1, p. 222.

15 Magocsi, *A History of Ukraine*, in ibid., pp. 3 and 688.

16 Theofil I. Kis, *Nationhood, Statehood and the International Status of the Ukrainian SSR/Ukraine*（Ottawa, London, and Paris: University of Ottawa Press, 1989）, pp. 57-62.

17 "Resolution of the Supreme Soviet of the Ukrainian S.S.R. on the Declaration of Independence of Ukraine, 24 August 1991," cited in Magocsi, *A History of Ukraine*, p. 723.

18 *Атлас історії Української державності*（L'viv: Naukove tovarystvo imeni Shevchenka, 2013）, pp. 120-121.

19 Dominique Arel, "Demography and Politics in the First Post-Soviet Censuses,"

【著者略歴】

ポール・ロバート・マゴチ

トロント大学歴史学・政治学教授、トロント大学ジョン・ヤレムコ・ウクライナ研究寄付講座主宰。40冊を超える著書の中には次のものがある。*Historical Atlas of Central Europe*（2018）, *The Roots of Ukrainian Nationalism*（2002）, *A History of Ukraine: The Land and Its Peoples*（2017）, *This Blessed Land: Crimea and the Crimean Tatars*（2022）, and *Jews and Ukrainians*（2018）.

【訳者略歴】

河津　雅人（かわづ・まさと）

1986年、兵庫県丹波市生まれ。
天理大学国際文化学部欧米学科ロシア語コース卒。
北海道大学スラブ･ユーラシア研究センターでウクライナ政治を研究。
モスクワ言語大学に交換留学し、ロシア語を修め、
キーウ･モヒラ･アカデミー大学院でウクライナ語を修める。
スラブ世界研究所主任研究員・コーディネーター･通訳･翻訳（ウクライナ語、ロシア語）、（一社）丹波・タンボフ交流協会代表理事兼会長、日本ウクライナ文化交流協会ウクライナ語担当部長を務める。YouTuberとして日本やウクライナの文化を世界に発信している。

この出版は、ピーターソン文学基金（カナダ）の
寛大な支援によるものである。

本著は、ハーグの国際司法裁判所に提出された
専門家報告書を改訂したものである。

原書の発行所：Kashtan Press
（オンタリオ州キングストン）
2022年 第2版発行（訂正版）

UKRAINA REDUX

ウクライナ・ブックレット刊行に際して

ロシア発祥の地、ウクライナ。まさにスラヴの母というべき存在。その首都・キーウはまさにスラヴのヘソである。

日本でロシア文化と思われているものの中には、ウクライナのものが多い。身近なところで言えば、料理。ボルシチはロシア料理として日本で知られているが、実はウクライナ料理。日本の家庭でよく作られているロールキャベツ。これもウクライナ料理である。

ロシア文学として日本で紹介されているゴーゴリもウクライナ出身であり、ウクライナ文化を知らないとその内容を充分理解したとは言えない。

このように、ウクライナはスラヴの母的存在であるもの、日本では一般にロシアとごっちゃになっている。それどころか、ロシアの中の一部として捉えられている。これはまだよい方で、ウクライナという国さえ知らない人が日本には多い。

翻ってウクライナに目をやると、日本や日本語に興味を持っている人、憧れている人、勉強・研究している人……とその数のなんと多いことか。

このギャップを埋めるために、ウクライナ・ブックレットは刊行される運びとなった。一人でも多くの人にウクライナを知っていただきたい。その一念である。

日本ウクライナ文化交流協会

ウクライナ・ブックレット 各定価（本体500円＋税）

ウクライナ・ブックレット7

ウクライナ再興
― 国家と国民のアイデンティティーについて ―

発行日	2023年6月2日初版ⓒ
著者	ポール・ロバート・マゴチ
訳者	河津雅人（スラブ世界研究所主任研究員）
企画・編集	日本ウクライナ文化交流協会 エリコ通信社・スラブ世界研究所
発行者	小野　元裕
発行所	株式会社ドニエプル出版 〒581-0013 大阪府八尾市山本町南6-2-29 TEL072-926-5134　FAX072-921-6893
発売所	株式会社新風書房 〒543-0021 大阪市天王寺区東高津町5-17 TEL06-6768-4600　FAX06-6768-4354
印刷・製本	株式会社新聞印刷

ISBN978-4-88269-931-6